Libro de Actas

Nombre de la Sociedad: _____

Fecha de Inscripción: _____

Ficha/Folio: _____

Pago de Tasa Única:

_____

Copyright © 2019 Roxana Rangel Villarreal.

All rights reserved. Panama, Panama.

Libro de Actas. Sociedad_____.
Ficha/Folio: _____.
Firma Secretario: _____.

Libro de Actas. Sociedad_____.
Ficha/Folio: _____.
Firma Secretario: _____.

Libro de Actas. Sociedad_____.
Ficha/Folio: _____.
Firma Secretario: _____.

Libro de Actas. Sociedad_____.
Ficha/Folio: _____.
Firma Secretario: _____.

Libro de Actas. Sociedad_____.
Ficha/Folio: _____.
Firma Secretario: _____.

Libro de Actas. Sociedad_____.
Ficha/Folio: _____.
Firma Secretario: _____.

Libro de Actas. Sociedad_____.
Ficha/Folio: _____.
Firma Secretario: _____.

Libro de Actas. Sociedad_____.
Ficha/Folio: _____.
Firma Secretario: _____.

Libro de Actas. Sociedad_____.
Ficha/Folio: _____.
Firma Secretario: _____.

Libro de Actas. Sociedad_____.
Ficha/Folio: _____.
Firma Secretario: _____.

Libro de Actas. Sociedad_____.
Ficha/Folio: _____.
Firma Secretario: _____.

Libro de Actas. Sociedad_____.
Ficha/Folio: _____.
Firma Secretario: _____.

Libro de Actas. Sociedad_____.
Ficha/Folio: _____.
Firma Secretario: _____.

Libro de Actas. Sociedad_____.
Ficha/Folio: _____.
Firma Secretario: _____.

Libro de Actas. Sociedad_____.
Ficha/Folio: _____.
Firma Secretario: _____.

Libro de Actas. Sociedad_____.
Ficha/Folio: _____.
Firma Secretario: _____.

Libro de Actas. Sociedad_____.
Ficha/Folio: _____.
Firma Secretario: _____.

20

Libro de Actas. Sociedad_____.
Ficha/Folio: _____.
Firma Secretario: _____.

Libro de Actas. Sociedad_____.
Ficha/Folio: _____.
Firma Secretario: _____.

Libro de Actas. Sociedad_____.
Ficha/Folio: _____.
Firma Secretario: _____.

Libro de Actas. Sociedad_____.
Ficha/Folio: _____.
Firma Secretario: _____.

Libro de Actas. Sociedad_____.
Ficha/Folio: _____.
Firma Secretario: _____.

Libro de Actas. Sociedad_____.
Ficha/Folio: _____.
Firma Secretario: _____.

Libro de Actas. Sociedad_____.
Ficha/Folio: _____.
Firma Secretario: _____.

Libro de Actas. Sociedad_____.
Ficha/Folio: _____.
Firma Secretario: _____.

Libro de Actas. Sociedad_____.
Ficha/Folio: _____.
Firma Secretario: _____.

Libro de Actas. Sociedad_____.
Ficha/Folio: _____.
Firma Secretario: _____.

Libro de Actas. Sociedad_____.
Ficha/Folio: _____.
Firma Secretario: _____.

Libro de Actas. Sociedad_____.
Ficha/Folio: _____.
Firma Secretario: _____.

Libro de Actas. Sociedad_____.
Ficha/Folio: _____.
Firma Secretario: _____.

Libro de Actas. Sociedad_____.
Ficha/Folio: _____.
Firma Secretario: _____.

Libro de Actas. Sociedad_____.
Ficha/Folio: _____.
Firma Secretario: _____.

Libro de Actas. Sociedad_____.
Ficha/Folio: _____.
Firma Secretario: _____.

Libro de Actas. Sociedad_____.
Ficha/Folio: _____.
Firma Secretario: _____.

Libro de Actas. Sociedad_____.
Ficha/Folio: _____.
Firma Secretario: _____.

Libro de Actas. Sociedad_____.
Ficha/Folio: _____.
Firma Secretario: _____.

39

Libro de Actas. Sociedad_____.
Ficha/Folio: _____.
Firma Secretario: _____.

Libro de Actas. Sociedad_____.
Ficha/Folio: _____.
Firma Secretario: _____.

Libro de Actas. Sociedad_____.
Ficha/Folio: _____.
Firma Secretario: _____.

Libro de Actas. Sociedad_____.
Ficha/Folio: _____.
Firma Secretario: _____.

Libro de Actas. Sociedad_____.
Ficha/Folio: _____.
Firma Secretario: _____.

Libro de Actas. Sociedad_____.
Ficha/Folio: _____.
Firma Secretario: _____.

Libro de Actas. Sociedad_____.
Ficha/Folio: _____.
Firma Secretario: _____.

Libro de Actas. Sociedad_____.
Ficha/Folio: _____.
Firma Secretario: _____.

Libro de Actas. Sociedad_____.
Ficha/Folio: _____.
Firma Secretario: _____.

48

Libro de Actas. Sociedad_____.
Ficha/Folio: _____.
Firma Secretario: _____.

Libro de Actas. Sociedad_____.
Ficha/Folio: _____.
Firma Secretario: _____.

50

Libro de Actas. Sociedad_____.
Ficha/Folio: _____.
Firma Secretario: _____.

Libro de Actas. Sociedad_____.
Ficha/Folio: _____.
Firma Secretario: _____.

Libro de Actas. Sociedad_____.
Ficha/Folio: _____.
Firma Secretario: _____.

Libro de Actas. Sociedad_____.
Ficha/Folio: _____.
Firma Secretario: _____.

Libro de Actas. Sociedad_____.
Ficha/Folio: _____.
Firma Secretario: _____.

Libro de Actas. Sociedad_____.
Ficha/Folio: _____.
Firma Secretario: _____.

Libro de Actas. Sociedad_____.
Ficha/Folio: _____.
Firma Secretario: _____.

Libro de Actas. Sociedad_____.
Ficha/Folio: _____.
Firma Secretario: _____.

Libro de Actas. Sociedad_____.
Ficha/Folio: _____.
Firma Secretario: _____.

Libro de Actas. Sociedad_____.
Ficha/Folio: _____.
Firma Secretario: _____.

Libro de Actas. Sociedad_____.
Ficha/Folio: _____.
Firma Secretario: _____.

Libro de Actas. Sociedad_____.
Ficha/Folio: _____.
Firma Secretario: _____.

Libro de Actas. Sociedad_____.
Ficha/Folio: _____.
Firma Secretario: _____.

Libro de Actas. Sociedad_____.
Ficha/Folio: _____.
Firma Secretario: _____.

Libro de Actas. Sociedad_____.
Ficha/Folio: _____.
Firma Secretario: _____.

Libro de Actas. Sociedad_____.
Ficha/Folio: _____.
Firma Secretario: _____.

Libro de Actas. Sociedad_____.
Ficha/Folio: _____.
Firma Secretario: _____.

Libro de Actas. Sociedad_____.
Ficha/Folio: _____.
Firma Secretario: _____.

Libro de Actas. Sociedad_____.
Ficha/Folio: _____.
Firma Secretario: _____.

Libro de Actas. Sociedad_____.
Ficha/Folio: _____.
Firma Secretario: _____.

Libro de Actas. Sociedad_____.
Ficha/Folio: _____.
Firma Secretario: _____.

Libro de Actas. Sociedad_____.
Ficha/Folio: _____.
Firma Secretario: _____.

Libro de Actas. Sociedad_____.
Ficha/Folio: _____.
Firma Secretario: _____.

Libro de Actas. Sociedad_____.
Ficha/Folio: _____.
Firma Secretario: _____.

Libro de Actas. Sociedad_____.
Ficha/Folio: _____.
Firma Secretario: _____.

Libro de Actas. Sociedad_____.
Ficha/Folio: _____.
Firma Secretario: _____.

Libro de Actas. Sociedad_____.
Ficha/Folio: _____.
Firma Secretario: _____.

Libro de Actas. Sociedad_____.
Ficha/Folio: _____.
Firma Secretario: _____.

Libro de Actas. Sociedad_____.
Ficha/Folio: _____.
Firma Secretario: _____.

Libro de Actas. Sociedad_____.
Ficha/Folio: _____.
Firma Secretario: _____.

Libro de Actas. Sociedad_____.
Ficha/Folio: _____.
Firma Secretario: _____.

Libro de Actas. Sociedad_____.
Ficha/Folio: _____.
Firma Secretario: _____.

Libro de Actas. Sociedad_____.
Ficha/Folio: _____.
Firma Secretario: _____.

Libro de Actas. Sociedad_____.
Ficha/Folio: _____.
Firma Secretario: _____.

Libro de Actas. Sociedad_____.
Ficha/Folio: _____.
Firma Secretario: _____.

Libro de Actas. Sociedad_____.
Ficha/Folio: _____.
Firma Secretario: _____.

Libro de Actas. Sociedad_____.
Ficha/Folio: _____.
Firma Secretario: _____.

Libro de Actas. Sociedad_____.
Ficha/Folio: _____.
Firma Secretario: _____.

Libro de Actas. Sociedad_____.
Ficha/Folio: _____.
Firma Secretario: _____.

Libro de Actas. Sociedad_____.
Ficha/Folio: _____.
Firma Secretario: _____.

Libro de Actas. Sociedad_____.
Ficha/Folio: _____.
Firma Secretario: _____.

Libro de Actas. Sociedad_____.
Ficha/Folio: _____.
Firma Secretario: _____.

Libro de Actas. Sociedad_____.
Ficha/Folio: _____.
Firma Secretario: _____.

Libro de Actas. Sociedad_____.
Ficha/Folio: _____.
Firma Secretario: _____.

Libro de Actas. Sociedad_____.
Ficha/Folio: _____.
Firma Secretario: _____.

Libro de Actas. Sociedad_____.
Ficha/Folio: _____.
Firma Secretario: _____.

Libro de Actas. Sociedad_____.
Ficha/Folio: _____.
Firma Secretario: _____.

Libro de Actas. Sociedad_____.
Ficha/Folio: _____.
Firma Secretario: _____.

Libro de Actas. Sociedad_____.
Ficha/Folio: _____.
Firma Secretario: _____.

Libro de Actas. Sociedad_____.
Ficha/Folio: _____.
Firma Secretario: _____.

Libro de Actas. Sociedad_____.
Ficha/Folio: _____.
Firma Secretario: _____.

Libro de Actas. Sociedad_____.
Ficha/Folio: _____.
Firma Secretario: _____.

Made in the USA
Thornton, CO
09/19/22 00:42:57

bd7a3c66-14da-43da-9c0d-7fa0e7faa44bR01